Zwischen
Himmeltag
und Vaterfahrt

Feiertagsgedanken von
JÜRGEN METTE

Jürgen Mette (*1952) ist gelernter Zimmermann, studierter Theologe und hat mit seiner Frau Heike drei Söhne und sechs Enkelkinder. Bis zur Diagnose Morbus Parkinson war er Vorstandsvorsitzender der Stiftung Marburger Medien und hatte einen Lehrauftrag an der Evangelischen Hochschule Tabor. Statt zu resignieren, begann er zu signieren, zu schreiben. Als der Titel „Alles außer Mikado" auf der Spiegel-Bestsellerliste erschien, und er weitere Bücher geschrieben hat, begannen eine bis zur Pandemie reichende intensive Vortragsarbeit und Autorenlesungen.

Kontakt: info@juergen-mette.de

Einführung

Je nach Bundesland stehen in unseren Kalendern 10 bis 12 Feiertage. Gesetzlich festgelegte Tage, an denen, anstatt zu arbeiten, gefeiert werden soll. Aber was eigentlich? Dass Weihnachten etwas mit der Geburt Jesu zu tun hat, wissen einer Umfrage zufolge noch 9 von 10 Deutschen. Schwieriger wird es schon mit Ostern, Pfingsten oder gar dem Reformationstag, der nur in wenigen Bundesländern offiziell gefeiert wird. Und was an Himmelfahrt eigentlich zu feiern ist, da gehen die Meinungen sehr weit auseinander. Die einen gedenken der Himmelfahrt des Heilands, während die anderen mit dem Bollerwagen durch Wald und Wiesen ziehen und so den Vatertag begehen.

Jürgen Mette hat sich über einige unserer Feiertage so seine Gedanken gemacht. Die meisten der in diesem Buch zusammengestellten Beiträge wurden ursprünglich im PRO Medienmagazin als Kolumne veröffentlicht unter dem Titel: „Von Heiligen und Scheinheiligen".

Inhalt

Einführung 3

Zum neuen Jahr: Tempel des Heiligen Geistes 7

Gold, Weihrauch und Möhren 11

Vom eierlegenden Hybridhasen 15

Was Himmelfahrt und Sonnenaufgänge
miteinander zu tun haben 17

Christi Himmelfahrt – Vatertag in Reinform 21

1. Mai – Tag der Arbeit –
oder besser: Ora et labora? 23

Wenn der Geist weht, wo er will … 25

Erntedankfest – wie Gott die Menschen
in Krisenzeiten versorgt 29

Tag der Deutschen Einheit –
ein Tag, den man nie vergisst................. 35

Reformationstag –
der Reformator und die Musik 39

Gedanken zum Ewigkeitssonntag –
Leben ist Abschied nehmen 43

Advent – heilsamer heiliger Zwischenraum 49

Werde Licht! – Eine Absage an alles Zwielichtige . 53

Entspannte Festzeit – apropos Weihnachten:
Stressfrei zur Besinnung! 57

Ein Plädoyer für die Ehrlichkeit –
von unheiligen Zipfelmännern und
scheinheiligen Weihnachtsmännern 63

Christi Geburt – Heiligabend: Zeitenwende 67

Weihnachtsgeschenke – dieses Jahr schenken
wir uns nichts! 73

Zum neuen Jahr: Tempel des Heiligen Geistes

GUTE VORSÄTZE VON ELF BIS MITTAG.

Ja, ich weiß es: Parkinson-Patienten sollten sich viel bewegen, damit die zu erwartenden Symptome zunehmender Bewegungseinschränkung früh aufgefangen werden. Mein Sport besteht darin, dass ich morgens vom Bett zur Dusche zu Fuß gehe. Ich fahre seit meiner zunehmenden Sturzgefährdung Dreirad, aber doch nicht bei Sturm, Regen und Kälte. Es gibt immer tausend Argumente dagegen, besonders im ersten Wetter-Halbjahr. „No sports!"

Ich gebe es ja zu: Zehn Kilo weniger würden mir guttun. Ich pendle seit 50 Jahren zwischen 85 und 95 Kilogramm, und das bei 184 Zentimetern Körperlänge und kräftigem Knochenbau – wahrscheinlich ist meine neue künstliche Hüfte aus Schwermetall.

Nach der heimischen Spritzgebäckproduktion für meine sechs Enkelkinder zum Christfest – ich verwende nur den unverzichtbaren Geschmacksträger Butter – bewegt sich mein Gewicht in Richtung dreistellig. Auch das knusprig gebackene Geflügel vom Lieferservice aufgetischt, hat sich auf den Hüften abgelagert.

Und das geht mir an die Eitelkeit. Meine Frau sagt es täglich, meine Ärzte sagen es quartalsweise: Hintern hoch! Gewicht runter! Sie sagen es charmanter, aber die derbe Variante ist wirkungsvoller. Morgen fange ich an.

Parkinson mit Disziplinlosigkeit im Gepäck

Morgen! Nicht heute. Heute regnet es oder es ist zu kalt oder zu warm oder zu dunkel: Nordic Walking, Biking, Jumping, Spinning, Stretching, Climbing, Hiking, Lifting, Swimming, Jogging, Rafting, Canyoning, Paragliding. Früher haben sich die Leute bewegt, heute wird denglisch „gemoved"!

Mein Opa hat vor 60 Jahren schon Nordic Walking gemacht, der ging auch am Stock. Und der war mit Plaketten benagelt – der Stock. Wie wäre es mit „Fresh-air-snapping" oder „Mushroom-Searching"?

Ich habe für mich endlich die passende Sportart gefunden: das Relaxing. Wetterunabhängiges Homeoffice, im Sitzen, trocken und warm.

Aber im Ernst, meine Parkinson-Medikamente haben eine gewisse Disziplinlosigkeit im Gepäck: nicht mit der Arbeit aufhören zu können, nicht mit dem Essen aufhören zu können, nicht aus dem Online-Modus rauszukommen.

Ja, auch das muss ich bekennen: Ich esse gern. Aber ich kann auch vielen Versuchungen widerstehen: zum

Beispiel Rohkost, Magerquark und Tee, Zwieback und Reiskekse. Da bin ich total diszipliniert! Nur, Gebratenes und Süßes, auch mal einen gut temperierten Rotwein oder den „Hopfenblütentee" aus einer fränkischen Privatbrauerei, da verzehrt sich meine Widerstandskraft. Für ein großzügig geschnittenes Stück „Ahle Worscht" aus meiner nordhessischen Heimat lasse ich jedes Wirsing-Soufflé an Bio-Karöttchen in Fenchelsud stehen. Nein, drei mit Soja gefüllte Erbsen müssen nicht sein.

Morgen geht es los – versprochen!

Wenn sich dann das Hüftgold da etabliert, wo wir gern den Gürtel enger schnallen würden, dann sprechen wir verlegen vom „erweiterten Speck-drum". Ich ertappe mich immer mal wieder, dass ich beim Einkauf tatsächlich eine Tüte feuriger Chips in den Warenkorb ganz unten deponiert habe. Es muss ja nicht jeder sehen. Aber nach dem Scannen liegt die Tüte wieder obenauf. Einmal angefangen mit dem fettigen Salzscheibchen und du bist verloren. Disziplin – wo bist du? Es sind wohl die Parkinson-Medikamente, die meine Ernährungsgewohnheiten verändern. So täusche ich mich selbst.

Aber ich kann es ändern, nur ich selbst: Meine Therapeuten verstehen es, mich mit immer neuen Übungen herauszufordern. Denn meine Körperhaltung lässt zunehmend den Verdacht aufkommen, die Evolutionstheorie hätte doch recht. Ich soll zu Hause eifrig üben!

Und so beginnt jede Übungseinheit mit dem verlegenen Bekenntnis, dass es ab morgen so richtig losgeht.

Früher habe ich zuweilen etwas verächtlich auf Kettenraucher und Quartalssäufer geschaut. Meine Kontrollstörung im Blick auf meine Essgewohnheiten stimmen mich gnädig und barmherzig. Dass unser Leib ein Tempel des Heiligen Geistes sein soll, fordert mich „heute" heraus, nicht erst morgen. In diesem Sinne meinen Lesern und Kritikern ein gesegnetes neues Jahr.

Gold, Weihrauch und Möhren

Evangelische Gedanken zu einem katholischen Feiertag.

Der kleine Harald berichtet begeistert von der Probe für das Krippenspiel. Er behauptet fest überzeugt, dass die Heiligen Drei Könige Gold, Weihrauch und Möhren dabeihatten, als sie zur Krippe kamen. Ein paar Wochen vorher hat er den Spott seiner Geschwister ertragen müssen, als er vom Kindergottesdienst berichtete. Gott sei ein Quirl. Am nächsten Sonntag musste er sich unter dem Gelächter seiner Familie kleinlaut korrigieren: Aber es war etwas aus der Küche: Gott ist ein Schöpfer!

Nicht alles ist biblisch, was fromm klingt. Der biblische Befund zu den Drei Heiligen Königen ist nach Matthäus 2 ausgesprochen dürftig. Es kamen Weise aus dem Morgenland nach Jerusalem und erkundigten sich nach dem neugeborenen König der Juden, den sie anbeten wollten. Sie haben seinen Stern gesehen. So weit die Fakten. Also waren es keine Royals, sondern Astronomen, vermutlich Gelehrte der Astrophysik.

Dass es drei waren, wird nirgends bezeugt. Aber überambitionierte Stuben- oder Kanzelgelehrte haben sicher darin einen Hinweis auf die Trinität entdeckt. Auch dass sie Geschenke dabeihatten, ist hypothetisch. Aber wenn es so gewesen sein sollte, dann handelte es sich um sehr sinnvolle Geschenke: Gold war und ist bis heute eine gute Vermögensanlage, Weihrauch eine Pflanze mit heilender Wirkung. Die im Weihrauch enthaltenen Boswelliasäuren sollen sich positiv bei Asthma bronchiale, Allergien, Arthritis, Morbus Alzheimer, Multipler Sklerose und der Schuppenflechte Psoriasis auswirken. In Studien wurde die Wirksamkeit von *Boswellia serrata* bei Patienten beobachtet. Schade nur, dass Parkinson in diesem Beipackzettel nicht aufgeführt ist.

Wenn ich früher mit Freizeitgruppen in Südtirol war, habe ich mich öfter mit dem katholischen Ortsgeistlichen getroffen und ihn auch mal nach der Bedeutung dieses heiligen Hochdruckreinigers bei der Vorstellung des neuen Feuerwehrautos oder bei der Segnung der Traktoren gefragt. Sie haben es mir so erklärt: Diese Weihrauchrituale haben eine hohe Bindungskraft für junge Menschen, die zur Weiterbildung im Tal sind oder studieren und somit den Kontakt zur Kirche verlieren.

Und was hat es mit der Myrrhe auf sich? Dabei handelt es sich um eine Tinktur zur Wundheilung. Gut für den Po des gewindelten Weltenherrschers.

Alle drei sind also wertvolle Geschenke für den kleinen Jeshua und seine Mutter Maria.

Und noch ein Hinweis auf die Legende: Matthäus kennt die Namen der Weisen nicht. In der Kunst wird einer der drei als maximal Pigmentierter dargestellt. Die beiden anderen bedienen das Klischee des blonden Schweden. Volker Leppin, Professor für Kirchengeschichte an der Yale University, sieht darin einen Versuch, deutlich zu machen, dass es hier um ein besonderes Ereignis geht: Da wurde jemand geboren, dessen Botschaft der ganzen Welt gilt.

Evangelische Kirchen feiern am 6. Januar die Erscheinung Gottes in Christus, das Epiphaniasfest. Und ich beginne diesen Feiertag in der morgendlichen Stille mit der Kantate BWV 124 „Meinen Jesus lass ich nicht!". Für uns und die netten Freunde, die zwar einer Legende folgen, aber jetzt erst recht auf dem Weg zur Krippe sind.

Vom eierlegenden Hybridhasen

Oder: warum die Henne nicht das Zeug zum Hasen hat. Eine Satire.

Mal ehrlich: Was muten wir unseren Kindern und Enkeln zum Auferstehungsfest zu? Alle Jahre wieder verbreiten wir die Mär von diesem biologisch unmöglichen Hybrid-Getier aus eierlegendem, gemeinem Feldhasen und einer Henne, die eigentlich das Patent auf Eierproduktion hat, aber an Ostern völlig im Hintergrund bleibt. Man isst doch Lamm zum Fest! Das Huhn hat seine Schuldigkeit getan, das Huhn kann gehen. Es lebe der Feldhase: schnell, wendig, belastbar – schließlich wiegt ein bemaltes Osterei immerhin rund 60 Gramm. Und wenn er die Hucke voll hat, dann hüpft es sich nicht mehr so leicht.

Liegt dieser absurden animalischen Hybridmutation nicht ein tief sitzendes, verborgenes, frauenfeindliches und antifeministisches Verhaltensmuster zugrunde? Der (!) Osterhase – domestiziert auch als „Rammler" bekannt, und das (!) Huhn als produktives Mittel zum Zweck für fröhliche Kinderaugen. Der maskuline Hase als geliebter und gelobter Spediteur, der Macho mit den Sixpacks im Rucksack. Und die gebärfähige Henne bleibt demütig im Hintergrund. Ist das das Ergebnis von jahrlanger Mühe um geschlechtergerechtes Denken und Handeln? Die feminine Henne, Mutter allen Lebens, duckt sich an Ostern weg. Es gibt nur männliche Schokoladenhasen. Am liebsten die mit dem Glöckchen am Hals. Schokoladenhühner? Fehlanzeige.

Ich habe bei der Eiersuche unserer Kinder und Enkel noch nie den fröhlichen Juchzer gehört: „Opa, ich habe das Huhn gefunden!" Wie lange wollen wir dieser unsinnigen Überfrachtung des christlichen Auferstehungsfestes mit eierabsondernden Hasen noch tatenlos zusehen?

Ich gönne den eidgenössischen Schoggi-Bäckern den Erfolg mit ihren Schokoladenhasen und den Bioeier-Bauern den Profit aus der Bodenhaltung. Aber wie sag ich's meinen Enkeln, dass Ostern eigentlich so gar nichts mit Hühnern und Hasen zu tun hat? Wie erkläre ich ihnen, dass Jesus tatsächlich auferstanden ist?

Das Unerklärbare lässt sich nicht erklären. Aber auch der bescheidenste Versuch, vom größten Ereignis der Weltgeschichte zu erzählen, ist immer noch besser als alles Rumeiern zwischen Eier legenden Hühnern und kalorienschweren Schokohasen, oder?

Was Himmelfahrt und Sonnenaufgänge miteinander zu tun haben

Nachdem der Wecker uns unnachgiebig aus den heimeligen Betten des kärglich eingerichteten Bergbauernhofes katapultiert hatte, erschien einer nach dem anderen an der eiskalten Viehtränke zu einer kurzen Erfrischung von Haupt, Haar und Gesicht. 30 Teenager, die am Vorabend noch ganz hübsch aussahen, machten sechs Stunden später den Eindruck, als hätten sie zwischen 23 und 5 Uhr mit dem Kopf im Waffeleisen übernachtet.

Einige Gesichter sahen aus wie eine schlecht belegte Pizza. Ich hatte auch nach einer kurzen Katzenwäsche den Eindruck, dass mir der Typ im Spiegel noch nie begegnet war. Nach dem Motto: Ich kenne dich nicht, aber ich rasiere dich trotzdem.

Und dann ging es los.

Nach ein paar Schritten klagten die einen über schmerzende Hühneraugen, die anderen über den Sonnenbrand von gestern. Und ich hatte die Ehre, den Leithammel zu machen. Hinter mir eine ächzend nörgelnde Truppe, die mal über mein vorgelegtes Tempo und mal über Hungergefühle lamentierte. Jeder hatte genügend Wasser dabei, und zum Frühstück wollten wir ja wieder im Quartier sein. Mein Mitarbeiter machte das Schlusslicht und versuchte mit Durchhalteparolen die müde Mannschaft bei Laune zu halten. Um 6 Uhr sollte die Sonne über den Dolomiten aufgehen. Das wollten wir uns nicht entgehen lassen.

Ich feuerte die fußlahme Truppe immer wieder an. Noch eine halbe Stunde! Nur noch 150 Höhenmeter.

Überwältigt von dem, was Gott tut

Und dann endlich standen wir in kalten und nassen Bergschuhen und mit durchgeschwitzten T-Shirts auf 2.000 Metern Höhe und warteten wie gebannt auf die aufgehende Sonne über der imposanten Bergkulisse. Keiner klagte mehr. Es war so, als würde uns Gott an seinem Schöpfungshandeln beteiligen.

In stiller Andacht sahen wir in der Ferne, wo sich Himmel und Erde berühren, wie die Sonne sich langsam aus der Tiefe der Erde zum Himmel schob und uns gegen alle naturwissenschaftlichen Fakten geradezu verzückte. Einige lagen sich in den Armen, andere summten ein Lied vor sich hin. Keiner hatte Lust auf eine wissenschaftliche Erklärung. Jeder wusste, dass die Sonne der einzige Fixpunkt des Universums ist und dass alles andere in Bewegung ist.

Das wussten die Jünger Jesus vermutlich noch nicht, aber sie waren überwältigt von dem Bild, das Lukas zu Beginn der Apostelgeschichte protokolliert hat: Jesu verschwand vor ihren Augen in einer Wolke.

Christi Himmelfahrt ist ein wunderbares Bild für das Unaussprechliche des Unfassbaren.

Wir sind überwältigt von dem, was Gott tut. Wo der Himmel ist, bleibt offen, aber er ist keinesfalls ein Wolkenkuckucksheim in der Unendlichkeit des Universums. Es ist das Wesen Gottes, dass er uns durch Jesus Christus und in der Kraft des Heiligen Geistes eine Welt erschließt, in der wir willkommen sind.

Worauf du dich verlassen kannst!

Christi Himmelfahrt – Vatertag in Reinform

Ein Kompromissvorschlag.

Himmelfahrt ist Vatertag. Endlich sind die Männer mal ganz unter sich. Raus ins Grüne, ein Kasten Bier auf die Karre und es mal richtig krachen lassen. Deutschlands Väter dürfen einmal im Jahr total verrücktspielen, so eine Art Fasching ohne Schneeschauer und kalte Füße. Und wenn es mal regnet, dann gibt es überall überdachte Theken.

Himmelfahrt ist Vatertag.

Selbst für Christen, die an die Himmelfahrt Christi glauben, ist dieser Tag so ein „Na-ja-Ereignis". Was Genaues weiß man nicht. Den Feiertag könnte man zur Entlastung der hohen Lohnnebenkosten schon mal abschaffen. Und den Väter-Verrückt-Spiel-Tag könnte man ja auch auf den 1. Mai legen, da laufen doch sowieso schon viele mit roten Mützen, Fähnchen und Trillerpfeifen rum.

Ich schlage folgenden Kompromiss vor: Wir feiern öfter mal einen „Vaterfahrtstag". Väter müssen mal unter sich sein, müssen mal zusammen wegfahren. Mal weg von der Geschirrspülmaschine, dem Bügelbrett und den Lateinvokabeln ihrer Kinder. Also einen zünftigen Vaterfahrtstag mit Sport und Spaß.

Und dann plädiere ich dafür, täglich einen „Himmeltag" zu feiern, eine Begegnung mit dem Vater aller Väter. Ohne Bindung an ihn kann Vaterschaft auf diesem Planeten zu einem Horrortrip werden, zu einer Vaterfahrt in die Hölle.

Der Himmel ist jetzt und hier

Ein paar Tage nach seiner Hinrichtung war der auferstandene Jesus mit seinem Missionsteam zu einer Bergtour unterwegs. Und auf einmal war er weg. Mehr ist nicht gesagt, und mehr müssen wir auch nicht wissen. Er war einfach weg, in einem Augenblick saß er zur Rechten Gottes und jetzt ist ihm alle Macht gegeben, im Himmel und auf Erden. Der Vater gibt dem Sohn Jesus alle Macht. Das ist Vatertag in seiner reinsten Form!

Der Himmel ist eine Qualität, ein Zustand, keine Briefkastenfirma im Universum, kein riesiges Zelt auf einem uns unbekannten Planeten und kein Missionsfest auf der Schwäbischen Alb. Der Himmel ist nicht hinter den Wolken, sondern hier und heute und jetzt und vor allen Dingen in Ewigkeit.

1. Mai – Tag der Arbeit – oder besser: Ora et labora?

Ich stamme aus einer Unternehmerfamilie. Ein Zimmereibetrieb, in dem wir von Kindheit an mithelfen mussten. Wenn wir mit unseren Fahrrädern aus der Schule zu Hause ankamen, lag meistens ein Zettel auf dem Küchentisch: Nach dem Essen bitte gleich in den Betrieb kommen. Es war immer viel zu tun. Halle fegen, Holz streichen, Holzabfälle und Späne beseitigen. Urlaub oder Betriebsferien waren Fremdworte: Wir haben immer durchgearbeitet. Meine wichtigste Aufgabe bestand in der persönlichen Überbringung der wöchentlichen Lohntüten an die Mitarbeiter, meist verbunden mit einem Schwätzchen in ihren Häusern. Unsere Eltern haben die Führung des Betriebes als Berufung verstanden: Terminverlässlichkeit, Qualität, faire Preise und tarifbezogene Entlohnung der Mitarbeiter waren für sie selbstverständlich.

Der 1. Mai, der Tag der Arbeit, war in den großen Städten der Tag der Trillerpfeifen, der Fähnchen und der roten Mützen. Die Gewerkschaften riefen zum Klassenkampf auf, der in unserem Betrieb gar nicht stattfand. Die Botschaft war meist simpel: Die Unternehmer waren die Bösen, die Arbeiter die Guten. Trotz allem Polarisieren – mit ihren Parolen haben sie auch viel Gutes bewirkt in Sachen Arbeitsschutz und Lohngerechtigkeit.

Für unsere Familie war der Tag der Arbeit ein arbeitsfreier Feiertag, den wir zur Maschinenpflege und für Reparaturen und Büroarbeiten genutzt haben. Protest war bei uns kein Thema. Unsere Firma war für viele eine Art Familie. Einige Mitarbeiter haben ihr gesamtes berufliches Leben bei uns absolviert, manche dort sogar ihre eigenen Söhne ausgebildet.

Dennoch halte ich die Arbeitnehmervertretung durch die großen Gewerkschaften für richtig und notwendig. Schließlich geht es nicht in jeder Firma so fair und familiär zu wie bei uns.

Der Theologe, Kirchengründer und Völkermissionar Paulus verweist beim Thema „Arbeit" auf das Gesetz des Mose und schreibt in 1. Korinther 9,9 (LÜ): *„Du sollst dem Ochsen, der da drischt, nicht das Maul verbinden!"* Eine biblische Vorgabe aus der Zeit vor den sattelitengesteuerten Mähdreschern. Der Ochse läuft im Kreis und tritt die Körner aus den Ähren. Und nebenbei hat er sich immer mal einen Frischkornbrei genehmigt. Das sollte man ihm nicht verwehren.

In die heutige Zeit übersetzt, meint Paulus nichts anderes als: „Jeder Arbeiter ist seines Lohnes wert."

Das sind die Eckpfeiler einer christlichen Arbeitsethik: *„Ora et labora, et recreatio"*. Bete, arbeite und erhole dich. Das wäre doch auch mal ein passendes Motto für den Tag der Arbeit, oder?

Wenn der Geist weht, wo er will ...

„Etwa dreitausend Menschen wurden an diesem Tag zur Gemeinde hinzugefügt!"
Apostelgeschichte 2,41 (GNB)

Es war einmal und ist nicht mehr! So plump würden wir das nicht sagen, aber eigentlich haben wir doch die Pfingstgeschichte mit dem riesigen Menschenauflauf in Jerusalem längst zu den Akten gelegt. „Liebster Jesu, wir sind vier" – statt „dreitausend Seelen". Die Zeiten ändern sich.

Rückblende: Ehemaligentreffen der Jesus-Schüler anlässlich des jüdischen Pfingstfestes. Ohne dass die Missionare Jesu auf die Heftigkeit der Ereignisse vorbereitet waren, brach schlagartig der Himmel los über Jerusalem. Der Heilige Geist äußerte sich derart stürmisch und feurig, dass die jüdischen Festpilger völlig irritiert waren. Unsere modernen „Wächter auf den Zinnen" hätten das Ereignis prompt als „Geist von unten" diagnostiziert, unter „Kassel 1909" oder „Toronto 1997" einsortiert und eine „Jerusalemer Erklärung" verabschiedet. Heiliger Geist, ja – aber bitte doch nicht so! Sturm, Feuer und Fremdsprachen ohne Vokabeltest? Vielleicht – aber nicht bei uns! An einem Tag dreitausend Bekehrungen? Da kann es sich nur um ein schwärmerisches Happening in einem fernen lateinamerikanischen Land handeln.

Seit fast 50 Jahren predige ich an Pfingsten über Apostelgeschichte 2, aber eigentlich glaube ich nicht dran! Natürlich zweifle ich nicht am historischen Gehalt des Lukas-Textes, aber wir haben uns als „schriftgebundene" Theologen damit abgefunden, dass das, was damals geschehen ist, heute nicht mehr passieren könnte. Und außerdem wären der Pfingstbericht und all die anderen apostolischen Zeugnisse einmalige Ereignisse ohne normative Bedeutung für die Kirche heute. Aber gleichzeitig begründen wir die Ekklesiologie (Lehre von der Kirche) unbekümmert mit genau dem gleichen Kapitel aus der Bibel: Apostelgeschichte 2,42 ff. Dieses Schriftverständnis verstehe wer will.

Mit unzähligen Kunstgriffen wird seit 2.000 Jahren versucht, das Pfingst-Phänomen theologisch zu entsorgen. Zeichen und Wunder hätten aufgehört und im Übrigen sei der Heilige Geist ein Geist der Ordnung. Kennzeichen der Endzeit sei nicht Erweckung, sondern Abfall von Gott. Andere wieder reden die Erweckung herbei und manipulieren so lange Seelen und Zahlen, bis es richtig feurig und stürmisch wird. Eine große Seelenernte stehe unmittelbar bevor.

Pfingsten kopieren? Bloß nicht!

Natürlich beten wir für Erweckung, aber die Begleiterscheinungen will keiner. Erweckungen waren oft wie reißende Sturzbäche, die die ordentlich befestigten Gemeindegrenzen weggeschwemmt und zudem noch manch Unrat hochgespült haben. Dann doch lieber kleine Privaterweckungen, damit wir weiter alles im Griff behalten. Der Heilige Geist müsste kompatibel zu unseren Satzungen und Ordnungen wirken, das wär's. Aber das tut er nicht. Er weht bis heute, wo er will. Wir haben große Freiheit zur Kommunikation des Evangeliums, wir verwalten ein imposantes theologisches Erbe und übernehmen das Wächteramt für den Rest der Welt. Die geistlichen Aufbrüche geschehen derweil außerhalb Europas – unter anderem in Lateinamerika.

Was nun?

Ich will offen sein für Gottes übernatürliches Eingreifen. Er könnte morgen die Schleusen seiner Segnungen öffnen und ganze Völker zur Umkehr leiten. Solange das aber nicht geschieht, bauen wir in aller Treue die Gemeinde Jesu. Sündenerkenntnis, Einmütigkeit, Gebet und Sehnsucht nach Gemeinschaft waren Kennzeichen der jungen Gemeinde. Vielleicht sind neue Aufbrüche anders nicht zu haben. Und woraus leiten wir überhaupt ab, dass die Gemeinde immer wachsen muss?

Was mir dennoch Hoffnung macht? Gott hat seiner Kirche hierzulande in den letzten Jahren neue Impulsprozesse geschenkt, die uns aus dem „Kuschelklub der Erlösten" geholt haben. Die deutschen Kongresse der Willow-Creek-Gemeinde aus Chicago ziehen hierzulande Segensspuren, vorausgesetzt, man entdeckt die geistlichen Zusammenhänge hinter der Fassade von großen Zahlen und exzellenten Programmen. Die Initiative Pro Christ überwindet Kirchengrenzen und setzt Maßstäbe für zeitgemäße Evangelisation.

Wir müssen uns fragen lassen: Wie wollen wir sprachfähig werden mit Menschen anderer Religionen, wenn wir als evangelische Christen noch nicht einmal in der Lage sind, mit Katholiken über unseren Glauben zu sprechen? Wir wurden auf Separation getrimmt. Darauf, uns in unserer eigenen Bubble in Sicherheit zu bringen. Das waren Begleiterscheinungen des Bekenntniskampfes der 60er-Jahre. Nun wird es Zeit, dass wir eine neue Schau für die Einheit des Leibes Christi gewinnen und mit allen, die Jesus als ihren Herrn bekennen, bereit sind, uns von der Kraft des Heiligen Geistes überraschen zu lassen. Wie auch immer das dann aussehen mag.

Erntedankfest – wie Gott die Menschen in Krisenzeiten versorgt

Erntedankfest. Seit meiner Kindheit eines der schönsten Feste im Kirchenjahr. Ein prall gefüllter, knackigfrischer und herb-süßlich duftender Bio-Altar betört unsere Sinne im Farbenrausch und provoziert die Speichelproduktion so heftig, dass man das AMEN des Predigers herbeisehnt. So appetitlich kann Kirche sein. Ich habe mich hinterher immer gefragt, wer dieses geweihte Grünzeug anschließend verzehrt. Der Pfarrer?

Am Erntedankfest kommen Himmel und Erde zusammen. Früchte von Bäumen und Früchte aus der Erde zeigen unsere Abhängigkeit von Gott, dem Geber aller Gaben. Damit demonstrieren wir auch unseren Dank gegenüber den Bauern und dem Nahrungsmittelgewerbe, die in Verantwortung gegenüber der Schöpfung unser täglich Brot liefern. Vogelgrippe, BSE, MKS und allerhand Futtermittelskandale haben manchen Bauern und Viehzüchtern den Spaß an der Arbeit verdorben. Und auch das Ei, Inbegriff eines reinen Lebensmittels, kommt immer mal wieder in die Schlagzeilen.

Seitdem wasche ich jedes Ei, über dessen Herkunft ich nicht genau Bescheid weiß. Und wenn ich ganz sicher sein will, dann schäle ich das Ei vor dem Essen.

Kaktusscheibchen wären schon schön gewesen

Ein kleiner Exkurs in die alte Geschichte Israels: Das Exodus-Protokoll im Alten Testament berichtet von der größten Völkerwanderung aller Zeiten. Das war wie ein nicht mehr enden wollender riesiger Familien-Wandertag mit jeder Menge Haustieren im Schlepptau. Kaum vorstellbar, jeden Abend vor dem Biwak Tausende von Hühnern einzufangen. Die waren völlig verdattert, weil sie sich nie ans Nest gewöhnen konnten – da ging es schon wieder weiter. Hinter ihnen lag die Gastarbeiterkolonie in Gosen, einer ägyptischen Provinz, vor ihnen lag Kanaan im Jordantal. Man munkelte was von Milch und Honig.

Aber dann ging der Stress erst richtig los. Die neue Heimat musste erkämpft werden. Gott schickte sie in den Wüstentest. Sie sollten entdecken, was wirklich trägt. Kein Wort mehr von Milch und Honig und weit und breit kein Erntedankfest in Sicht. Ein Schluck Brackwasser und ein rasiertes Kaktusscheibchen wären schon schön gewesen.

Gegen den Wahn der Machbarkeit aller Dinge

Das kennen wir ja auch: Wenn wir nichts zu futtern haben, dann sind wir ungenießbar. Dieses uralte Protokoll einer Völkerwanderung wirft eine elementare Frage auf: Wovon leben wir eigentlich, wenn es knüppeldick kommt? Von den hohlen Versprechungen mancher Politiker, die sich meistens als Versprecher herausstellen, oder von den scheinbar sicheren Prognosen der Statistiker. Bei allem Respekt vor unseren Politikern, aber sie balgen sich nur mit den Symptomen einer chronisch kranken Gesellschaft herum, an die Ursachen kommen sie nicht heran. Ursachen müssen auf einer anderen Ebene bekämpft werden. Darum feiern die Christen jedes Jahr wieder Erntedankfest. Wir stellen uns damit gegen den Wahn der Machbarkeit aller Dinge.

Nichts muss gehen, wenn Gott es nicht gelingen lässt

Das Volk Israel war während der Zeit in Ägypten ziemlich anspruchslos geworden. Sie lebten von den Essensresten ihrer Herren. Kübelweise Kaviar und gegrillte Kamelhaxen, direkt vom Mülleimer auf den Tisch der Hungrigen. Kleiner Appetizer gefällig?

„Wer wird uns Fleisch zu essen geben? Wir denken an die Fische, die wir in Ägypten umsonst aßen, und an die Kürbisse, die Melonen, den Lauch, die Zwiebeln und den Knoblauch."
4. Mose 11,4 und 5 (LÜ)

Das war der Reiz der alten ägyptischen Speisekarte. Die wären lieber wieder in die Gefangenschaft gegangen, Hauptsache, sie hätten was zum Futtern gehabt.

Und nun kommt die entscheidende Passage, die ich zur kernigen Kernaussage des Erntedankfestes machen möchte:

"Nun aber ist unsere Seele matt, denn unsere Augen sehen nichts als das Manna. Es war aber das Manna wie Koriandersamen und anzusehen wie Bedolachharz. Und das Volk lief hin und her und sammelte und zerrieb es mit Mühlen oder zerstieß es in Mörsern und kochte es in Töpfen und machte sich Kuchen daraus; und es hatte einen Geschmack wie Ölkuchen."
4. Mose 11,6-8 (LÜ)

Göttlicher Müsliriegel Manna

Gott versorgt sein an Fett gewöhntes Volk mit einem überaus diätischen Lebensmittel: Manna. Das war ein hochnahrhaftes und überaus gesundes Baumharz, das nachts von den Bäumen oder einfach vom Himmel gefallen war. Das war das Extrakt, nicht nur ein Surrogat. Sie wurden auf eine vegetarische Diät gesetzt, um ihnen das Überleben zu sichern. Das Zeug war nicht besonders schmackhaft, vielleicht klebte es an den Zähnen, so eine antike Variante von Storck-Riesen, diesen klebrigen Schokobonbons. Aber das Manna hatte alles, was die Menschen zum Überleben brauchten: Ballaststoffe, Mineralien, Vitamine und Proteine und eine gepflegte Portion Cholesterin.

Anstatt sich dankbar über diese Müsliriegel herzumachen, fängt das Volk an zu motzen und zu jammern:

„Ach wären wir doch in Ägypten geblieben." Das klingt wie: „Ach hätten wir wieder die gute alte DDR" oder: „Bei Adolf hätte es nicht so viel Faulenzer gegeben!".

Dieser Auszug aus dem Exodus-Protokoll lehrt uns zweierlei: etwas über gesunde Ernährung und über die Art und Weise, wie Gott seine Leute durchbringt. Das Manna, diese göttlichen Müsliriegel, steht in der Bibel symbolisch für die Art und Weise Gottes, seine Leute in Krisenzeiten zu versorgen, nicht nur mit Essen, sondern mit dem Leben schlechthin. Und wenn Jesus von sich selbst sagt, dass er das Brot und das Wasser des Lebens ist, dann ist das mehr als eine Ernährungsempfehlung oder ein Hinweis auf die Bedeutung des guten Vollkornbrotes. Er ernährt uns. Und wir lernen zu teilen.

Tag der Deutschen Einheit – ein Tag, den man nie vergisst

Es gibt Ereignisse, die man nie vergisst. Dieses zum Beispiel. Mit meiner Frau und unseren drei Söhnen lebte ich 1989 im Norden Chicagos, fünf Fahrminuten vom Lake Michigan entfernt. Ich war wie an jedem Tag nach der Uni nach Hause gekommen. Kurz vor dem Essen klingelte das Telefon. Der Anrufer stellte sich nicht vor, sondern frohlockte sichtlich entzückt durch das Telefon: „Jürgen, stell das Fernsehen an. Soeben fällt die Mauer in Berlin!" Und dann saßen wir vor dem Kasten und sahen die Bilder von wankenden Mauerteilen, vor Freude weinenden Ostberlinern, johlenden Menschenmassen am Checkpoint Charly und immer wieder Günter Schabowski in der DDR-Volkskammer mit dem legendären „sofort, unverzüglich".

Wir konnten es nicht fassen. Deutschland im Freudentaumel einer Vereinigung, an die kaum noch einer geglaubt hatte. Ich kenne nur einen, der schon immer unerschütterlich an die Wiedervereinigung des getrennten Deutschlands geglaubt hat. Es war derselbe Mann, der uns damals angerufen hatte: Mein alter Weggenosse Wolfgang. Wir kennen uns seit 50 Jahren. Gegen alle politische Vernunft hat er als Patriot und Wahlberliner keine Gelegenheit ausgelassen, sich zu einem vereinten Deutschland zu bekennen.

Unvergessen auch der nächste Tag an der Uni. Meine Kommilitonen fielen mir reihenweise um den Hals und freuten sich mit mir und faselten was von Erweckung und Missionsland Deutschland. Koreanische Theologiestudenten fühlten sich berufen, den Kirchen im Osten Deutschlands auf die Beine zu helfen. Professoren sprachen mich in der Mensa an und beglückwünschten mich. Der Jubel war dann aber schnell wieder verflogen, das Sendungsbewusstsein des Westens auch.

Wiedervereinigung? Da geht noch was!

30 Jahre später fragt mich mein ehrenamtlicher Fahrer, der gerade aus der katholischen Kirche ausgetreten ist, warum uns unsere Vortragsreisen so selten in den Osten führen würden. „Gibt es da keine Christen?", will er wissen. „Doch, schon", eiere ich rum, wir waren ja schon oft „drüben", und dass die Wiedervereinigung mit den Friedensgebeten in den Kirchen begonnen habe. Und dass nach einem Linksrutsch jetzt der Rechtsruck ausgebrochen sei. Das ist alles schwer vermittelbar.

30 Jahre später brettern wir staufrei und komfortabel über die neue A 4 Richtung Dresden. Und da fällt mir jedes Mal auf, dass der Bypass um Eisenach herum die freie Sicht auf die Wartburg geklaut hat. Der Osten mäht akkurat die blühenden Landschaften, konsumiert

reichlich, aber die Orte des Glaubens, einsturzgefährdete Zeugen einstigen geistlichen Lebens, versinken im Nirgendwo.

Tag der Deutschen Einheit. Tag? Ja! Deutsch? Ja, sehr! Einheit? Na ja! Da ist noch viel Platz nach oben. Ganz oben.

Reformationstag – der Reformator und die Musik

Einer der kostbarsten Schätze auf meinem Regalbrett der Luther-Literatur ist der kunstvoll gestaltete Bildband „Dr. Martin Luther der deutsche Reformator, in bildlichen Darstellungen von Gustav König" von 1900, ein Erbstück von meinem Vater. Als Kind habe ich mir die Gemälde über die Stationen des Lebens Luthers immer wieder angeschaut und eingeprägt.

Ich staune bis heute, wie diese Bilder mein Luther-Bild geprägt haben. Luther mal kantig, derb, radikal, unangepasst, ungestüm und ungeduldig. Einer, der vom Blitz flachgelegt wurde und der heiligen Anna Leib und Leben versprach, einer der im heiligen Zorn ein Poster an die Kirchentür tackerte.

Und im Kontrast dazu Martin Luther als der milde, liebevolle, geduldige, besorgte Vater und Ehemann, Freund und Bruder.

Die zartesten Luther-Bilder sind die, die ihn mit einem Musikinstrument zeigen. So schrieb er 1530 in einem Brief von der Veste Coburg, es „könnte keine Kunst der Musik gleichkommen, weil allein sie neben der Theologie das gewährt, was an anderer Stelle nur die Theologie schafft, nämlich Ruhe und Freude der Seele".

Das Bild „Luther im Kreise seiner Familie musizierend" von Gustav Adolph Spangenberg entstand 1875. In einer Skizze unter dem Titel „Über die Musik" finden wir dieses Bekenntnis:

Ich liebe die Musik, denn sie ist
ein Geschenk Gottes, nicht der Menschen,
sie macht fröhliche Herzen,
sie verjagt den Teufel,
sie bereitet unschuldige Freude.
Darüber vergehen Zorn, Begierden und Hochmut.

Ich glaube, dass das kantige Temperament Luthers durch die Beschäftigung mit der Musik geradezu besänftigt wurde. Wir kennen ihn als Texter, Sänger und Instrumentalisten.

Bereits in seiner Schulzeit sang er in der Kurrende, im Studium in Erfurt gehörte Musik zum Lehrplan. Wir wissen, dass Luther Querflöte und besonders das Saiteninstrument Laute spielen konnte. Er verstand sich sogar auf die Kunst des „Absetzens", also Partituren anderer Instrumente für die Laute zu bearbeiten.

Vielleicht hat die Liebe zur Musik für Luther eine stimulierende therapeutische Wirkung gehabt, denn es wird berichtet, dass er auf dem Weg nach Worms Musik gespielt habe.

Luther als produktiver Liedtexter

Im Hause Luthers nahm die Musik einen großen Raum ein. Nach der privaten Aufführung einer abendlichen Motette kommentierte Luther derb: „Wenn unser Herrgott in diesem Leben in das Scheißhaus solche edlen Gaben gegeben hat, was wird in jenem ewigen Leben geschehen, wo alles perfekt und ergötzlich ist?"

So wurde Luther der Begründer des neuen deutschen evangelischen Kirchenliedes. 1523 begann er mit der neuen evangelischen Gottesdienstordnung. Er teilte Georg Spalatin mit: „Ich habe den Plan, muttersprachliche Psalmen für das Volk zu schaffen, d. h. geistliche Lieder, damit das Wort Gottes auch durch Gesang bei den Leuten bleibt." Dabei ging es Luther vor allen Dingen um eine zeitgemäße Sprache: „... um das Volk möglichst einfache und gebräuchliche, freilich reine und passende Worte singen." Dieser völlig neue Ansatz fand sogar seinen Weg in den reformiert-calvinistischen Kulturkreis. Als dann 1524 und 1529 das erste Wittenberger Gemeindegesangsbuch erschien, war das eine Neuheit von ungeheurer Wirkmacht!

Luther erwies sich als Texter von ausgesprochener Produktivität: Von 34 Lutherliedern waren 24 innerhalb des Jahres 1524 entstanden. Das Kirchenvolk hat diese Lieder mit Begeisterung aufgenommen. Einige seiner Lieder erlangten den Status eines Volksliedes, wie zum Beispiel „Vom Himmel hoch".

Ich wünsche uns mehr Musik ins Leben. Geistliche Musik taucht unser gehetztes und aufgebrachtes Leben in Gnade und Barmherzigkeit. Für den Reformationstag empfehle ich die Bach-Kantate BWV 79, „Gott, der Herr, ist Sonn und Schild". Da steckt vitale Heilungskraft drin.

Gedanken zum Ewigkeitssonntag – Leben ist Abschied nehmen

Tod, wo ist dein Stachel? Über die Unausweichlichkeit des Todes – und die Hoffnung der Christenheit.

Zur Beerdigung am 15. Juli 2002 waren 5.000 Menschen ins russische Nordossetien gekommen. Der 46 Jahre alte Architekt Witali Kalojew ließ ein riesiges Grabmal aus schwarzem Granit errichten, das die Bilder seiner Frau und seiner beiden vier und zehn Jahre alten Kinder trägt. Sie waren am 1. Juli 2002 bei der Kollision der Tupolew mit einer Boeing-Frachtmaschine über dem Bodensee mit allen 69 Insassen ums Leben gekommen.

Witali hatte Arbeit in Spanien gefunden und freute sich nach einem Jahr der Trennung von seiner Familie sehnsüchtig auf den Besuch seiner Frau und der beiden Kinder, als ihn am Flughafen Barcelona die Nachricht von der Tragödie vom Bodensee erreichte.

Er war der erste Angehörige, der in Überlingen an der Absturzstelle eingetroffen war. Witali entdeckte die kaum versehrte Leiche seiner Tochter im Geäst eines Baumes. „Wie ein Engel ist sie zur Erde gesunken", sagte der Vater den Rettungsmannschaften von Überlingen. Von seiner Frau und dem zehnjährigen Sohn finden sich nur Leichenteile.

Witali Kalojew ist vom Schmerz um den Verlust seiner Familie in wenigen Monaten zu einem verbitterten bärtigen Mann geworden, der täglich mehrere Stunden auf dem Friedhof zubringt. Nur mit Mühe können ihn seine Brüder davon abhalten, fortan direkt neben der Grabstelle in einem Wohnwagen zu wohnen. Sein Zuhause ist eine einzige Gedenkstätte. Das Bett seiner Frau und das der Kinder hat er ins Wohnzimmer geschoben, liebevoll bedeckt mit Blumen, Bildern und Erinnerungsstücken. Was bleibt diesem Mann außer den Bildern seiner Lieben? Leben ist Abschied nehmen, selbst wenn man sich nicht verabschieden konnte. Wir werden zum Abschied gezwungen.

Der Tod ist die brutalste und unausweichlichste Realität unseres Lebens. Wir haben vieles im Griff, es gibt kaum noch etwas, was technisch nicht machbar wäre. Aber der Tod bleibt unangreifbar. Nicht, wenn er einem erfüllten und satten Leben ein biologisches Ende setzt, denn das empfinden viele Menschen als Erlösung.

Der Tod ist brutal, weil er seinen Besuch nicht anmeldet und selten gelegen kommt. Oft stand er schon vor unserer Tür, aber er ist – durch welche Umstände auch immer – noch einmal weitergezogen. Aber irgendwann klopft er an die Tür unseres Lebenshauses. Die einen sehen in seinem Besuch die Erlösung aus Krankheit und Schwachheit, den Abschied aus einem glücklichen und erfüllten Leben, bevor die Demenz die Persönlichkeit verändert. Andere sehen in ihm ein grausames Schwert, das alles Lebensglück unwiederbringlich zerstört. So hat es Witali Kalojew erlebt, so erleben es an diesem Tag Millionen von Menschen auf dieser Welt.

Und was soll ein Mensch tun, wenn das Leben nicht gehalten und geborgen ist? Witali Kalojew hat sich auf die Suche nach dem gemacht, der seiner Meinung nach das entsetzliche Leid verschuldet hat. Er fliegt nach Zürich und macht sich auf die Suche nach dem Fluglotsen, der in jener Nacht für den Flugraum über dem Bodensee zuständig war. Der 36-jährige Ehemann und Vater von drei Kindern hatte das Namensschild von seiner Tür entfernen lassen, aber Kalojew ist ihm auf die Spur gekommen. Er geht, ohne zu klingeln, auf die Terrasse, ersticht den Fluglotsen und zerstört damit eine Familie, die in den letzten beiden Jahren schon genug zu tragen hatte an den Folgen dieser verhängnisvollen Tragödie. Der Tod sollte durch Tod gerächt werden, durch eiskalten Mord. Ein Opfer sucht Heilung seines Schmerzes, indem es weitere Opfer schafft, eine junge Witwe mit drei Kindern.

Wenn wir die Tiefe dieser Tragödie wenigstens ahnen, dann bleiben uns alle schnellen Antworten und Erklärungen im Hals stecken. Menschliche Ratschläge wirken angesichts der Brutalität des Todes wie blanker

Hohn. Und erst, wenn alle Argumente verstummen, beginnen wir vielleicht zu ahnen, was der große Theologe und Missionar Paulus an die Gemeinde in Korinth geschrieben hat:

„DER TOD IST VERSCHLUNGEN IN DEN SIEG. TOD, WO IST DEIN STACHEL, HÖLLE, WO IST DEIN SIEG?"

Alle Ungerechtigkeit unseres Lebens tobt sich im Tod noch einmal richtig aus und schafft auf Ewigkeit ultimative Fakten. Mit diesem Stachel der Sünde leben und sterben wir. Und alles wird darauf ankommen, dass wir auf den Abschied vorbereitet sind, ob wir Paulus weiter bekennen können:

„GOTT ABER SEI DANK, DER UNS DEN SIEG GIBT DURCH JESUS CHRISTUS!"

Abschiedsbereit leben

Wir wissen nicht, ob unser Ende friedlich oder tragisch sein wird. Aber wir dürfen hier und heute wissen, dass wir in der Gemeinschaft mit Jesus Christus, dem auferstandenen Herrn, getrost und geborgen auf unsere letzten Stunden zugehen dürfen. Wer ihm nachfolgt, wird leben, selbst wenn er stirbt. Das ist die Hoffnung der Christenheit schlechthin.

Der Tod muss vor dem Sieg Jesu kapitulieren, auch in

Ihrer letzten Stunde. Sie sollen in einer tiefen Gewissheit des ewigen Lebens und der Auferstehung in Ihre letzte Stunde gehen. Nicht Gedanken der Rache und des Opfers sollen Ihren Abschied begleiten, sondern die Gewissheit, dass Jesus Ihr Herr im Leben und im Sterben ist.

Wählen Sie das Leben und leben Sie abschiedsbereit!

Advent – heilsamer heiliger Zwischenraum

Die Tage vor der Adventszeit haben etwas Eigentümliches: Der Ewigkeitssonntag ist vorbei, der Advent aber noch nicht da. Aber er kommt, bald, und dann wird im Dunkel ein Licht aufgehen.

Der Ewigkeitssonntag ist vorbei und damit auch das zurückliegende Kirchenjahr. Diese Woche ist für mich ein heiliger Zwischenraum, eine Hektikbremse, ein Nachdenken über den Tod. Soeben erfahre ich, dass eine liebe Freundin an Bauchspeicheldrüsenkrebs gestorben ist.

Von der Diagnose bis zum Exitus waren es gerade mal drei Wochen. Ihr Gebet um ein schnelles Ende wurde erhört. Ich kenne betagte Menschen, die nur noch einen Wunsch haben, nämlich sterben zu dürfen. Manche warten seit Jahren darauf. Ich denke an eine Hensoltshöher Diakonisse, also eine evangelische Ordensfrau, die ich in meinem Berufspraktikum 1978 in Nürnberg kennengelernt habe. Damals war sie schon fast 80 Jahre alt. Wir haben uns danach noch oft geschrieben und ich habe sie immer besucht, wenn ich in Mittelfranken unterwegs war. Und immer fragte sie mich, warum sie nicht nach Hause ins Vaterhaus darf. Ich wusste keine Antwort. Aber ich habe meine Ratlosigkeit Gott geklagt: „HERR GOTT, das darf doch nicht zu schwer sein, diese Frau, die ihr Leben für dich gegeben hat, einfach heimzuholen!"

Eines Tages beschloss ich mit meiner Frau, unsere treue Beterin und Freundin noch einmal zu besuchen. Sie lag trotz großer körperlicher Schwäche freudestrahlend mit ihren rosigen Apfelbäckchen in den Kissen. Wir haben mit ihr gesungen und gebetet, von unseren Kindern erzählt. Als wir sie zum Abschied fotografieren wollten, wehrte sie energisch ab. So, als wollte sie uns ihr Wesen überlassen, nicht nur ein Abbild ihrer irdischen Existenz. Beim Abschied seufzte sie ihren letzten Wunsch hinter uns her: Gott möge sie heimholen. Wenige Tage später erhielten wir die Nachricht von ihrem Heimgang.

Es war Advent geworden. Für sie und für uns. Ein Licht in ihrer Umnachtung, ein offener Himmel über ihrem schlichten Grab, ein Vorgeschmack auf den wiederkommenden Christus. Als äußeren Ausdruck dieser Woche der Zeitenwende zwischen Licht und Finsternis, Tod und Leben, Ankunft und Abschied werde ich nachher unser Haus und unseren Garten dezent illuminieren. Energiebewusst, traditionell einfarbig, ohne Blinkeffekte, ohne Rentier- und Schlittenapplikationen aus Plastik. Das Baumhaus für die Enkelkinder ist inzwischen beheizbar. Die Zutaten für die Produktion von Spritzgebäck warten auf Verarbeitung. Und am Wochenende eröffnen wir das neue Kirchenjahr mit Musik. Meine treuen Leser wissen es schon: mit dem Eröffnungschor „Jauchzet, frohlocket" aus Johann Sebastian Bachs Weihnachtsoratorium. Ein Ritual. Wir nehmen „Macht hoch die Tür" wörtlich und öffnen die Terrassentüren und beschallen unsere Nachbarschaft mit Freude und Hoffnung. Das Schönste kommt noch!

„LASSET DAS ZAGEN, VERBANNET DIE KLAGE,

STIMMET VOLL JAUCHZEN UND FRÖHLICHKEIT AN!

DIENET DEM HÖCHSTEN MIT HERRLICHEN CHÖREN,

LASST UNS DEN NAMEN DES HERRSCHERS VEREHREN!"

Diese heilige Woche des Zwischenraums lässt den Tod mit seinem Schrecken im Dunkel zurück und stimmt uns auf die Ankunft des wiederkommenden Christus ein. Ich bin bereit.

Werde Licht! – Eine Absage an alles Zwielichtige

Wir feiern Advent, Ankunft. Jesu Ankunft als Licht für die Welt. Auch christliche Publizistik muss dem Licht verpflichtet sein.

Nein, das ist kein flotter Werbespruch der Friseurinnung, auch kein Marketing-Gag des Haarersatzgewerbes. Es geht nicht darum, dass es auf der Kopfhaut licht, sondern unter der Kopfhaut hell wird. Mir geht in diesen Tagen der Adventskanon „Mache dich auf und werde Licht" nicht aus dem Kopf. Ich singe ihn täglich vor mich hin, diesen Text aus dem Prophetenbuch Jesaja 60,1. Dieser Aufruf zum Aufbruch gilt einem verzweifelten Volk, das der Heimat beraubt im fernen Babylonischen Exil die Rückkehr in die geliebte Stadt Jerusalem herbeisehnt. Die liegt in Trümmern, unbewohnbar, ungesichert, unerreichbar. Mitten in dieser Verzweiflung ruft der Prophet Jesaja im Auftrag Gottes: „Steht auf, macht euch bereit, tretet ins Licht, verlasst das dunkle, das zwielichtige, das diesige. Dein Licht kommt und die Herrlichkeit Gottes wird über euch erstrahlen."

Wir sind nicht das Volk Israel, aber wir fühlen uns wie in einer Gefangenschaft, ausgeliefert an schlechte Nachrichten, politisch gefilterte Berichterstattung, ausgeliefert an Fakes und manipulierte Bilder, an schöngerechnete Zahlen, ideologisch motivierte Kommentare und lobbygesteuerte Informationen.

Mache dich auf und werde Licht, das ist eine klare Absage an alles Zwielichtige. Licht ist ein Angriff auf das Dunkle, das Diffuse. Zwielicht entsteht immer dann, wenn unterschiedliche Lichtquellen wahrgenommen werden. Man spricht auch von zwielichtigen Typen, die in der Dämmerung operieren. Christliche Publizistik muss einen Unterschied machen. Entweder ist sie dem Licht verpflichtet, oder sie ist verzichtbar. Christliche Publizistik muss das beleuchten, was andere Medien gerne im Dämmerzustand belassen oder in der Dunkelheit vertuschen. Christliche Publizistik ist der Wahrheit verpflichtet. Die Wahrheit hat einen Namen: Jesus, der Weg, die Wahrheit, das Leben. Jesus verpflichtete Publizistik heißt, Licht ins Dunkel zu bringen, die Menschen aus der Babylonischen Gefangenschaft der Resignation und der Untergangsstimmung ins Licht der Gegenwart Gottes zu ziehen.

Nicht vom Zwielicht navigieren lassen

Nach der biblischen Schöpfungserzählung (Genesis 1,2) separierte Gott zuerst das Licht von der Dunkelheit. Tag und Nacht entstehen aus einer Krise oder

Scheidung. Wir Geschöpfe sind Kinder des Lichts. Das feiern wir im Advent. Die Finsternis ist in die Nacht verbannt. Wir verschlafen die Nacht und leben den Tag. Ich bewundere medienschaffende Leute, die sich von einer heiligen, das heißt unbestechlichen Ethik, leiten lassen und damit Licht in die Dunkelheit unserer Zeit bringen. Die um Gottes Willen dranbleiben, keine Ruhe geben, die Werke des Bösen bloßstellen und Licht verbreiten. Wir haben eine geradezu „erblich" disponierte Neigung, uns vom Zwielicht unserer Zeit navigieren zu lassen. Das beginnt bei der Mail-Kommunikation, wo verdeckte Bcc-Adressierung oder unerlaubte Weiterleitung von Mails einen verheerenden Schaden anrichten. Wenn mein persönlich angeschriebener Mailpartner diese nur für ihn bestimmte Nachricht weiterleitet, vertreiben wir das Licht und schaffen zwielichtige Beziehungen. Das geht weiter, wenn sich Menschen unter Pseudonymen in den Online-Kommentarspalten an ihren Gegnern abarbeiten, und das findet seine perfideste Form in einem öffentlichen Schlagabtausch, wo das Erhellende verdunkelt wird, wo vor den Fakten die Schuldzuweisung publiziert wird.

Mache dich auf, werde Licht! Die Wahrheit wird uns frei machen, die Wahrheit, die einen Namen hat. Jesus. Das Licht der Welt.

Entspannte Festzeit – apropos Weihnachten: stressfrei zur Besinnung!

Wie Besinnlichkeit wirklich gelingen kann.

Ich gebe gern zu, dass ich von Weihnachten und dem vierwöchigen Vorspiel namens Advent und dem Nachspiel „Zwischen den Jahren" nicht genug haben kann. Musik, Kerzen, Geschichten, Bilder, Farben, Gerüche, Kindheitserinnerungen – ganz großes Gefühlskino am Kachelofen. Und Zeit, ganz viel Zeit. „In den Herzen ist's warm." Und das Weihnachtsoratorium. Eine göttliche Musik! Und Gebäck.

Ich mache den Zuckerbäcker: Spritzgebäck für meine Kinder und Enkelkinder. Streng nach dem Rezept von Oma Gerda. Ein Christbaum aus eigener Schlachtung? Kein Problem. Ich schneide seit Jahren Prachtexemplare aus der nachwachsenden Nadelbaumgruppe im eigenen Garten. So viel Klischee muss sein. Eine frei dosierbare Mischung aus biblischer Geschichte, Tradition, Kommerz und Nostalgie.

Früher in meinen wilden Jahren wollte ich sogar die zwangschristianisierte Nordmanntanne am Leben lassen.

In Plastikfolie verpackte Geschenke wurden rigoros abgelehnt. Weihnachten naturbelassen, ökologisch, nachwachsend, wieder verwendbar und urwüchsig wie damals in Bethlehem. Das Kind im Futtertrog. Mehr nicht.

Heute – 50 Jahre später – schäme ich mich noch nicht einmal, dass ich ins vorpubertäre Stadium der unbekümmerten Weihnachtsromantik zurückgefallen bin. So gesehen bin ich (un-)verschämt wieder ein Weihnachtsmann.

Worum es an Weihnachten geht

Ein Mann ist ein Wesen, das die Fußballtickets für drei Monate im Voraus kauft und mit den Weihnachtseinkäufen bis Heiligabend wartet. „Unerfüllbare Erwartungen sind die Hauptursache für Konflikte in der Weihnachtszeit – und die fangen schon bei dem Wunsch nach idyllisch-weißen Weihnachten an", sagt der Psychologe Fritz Propach.

Zu Weihnachten treffen unterschiedliche Vorstellungen aufeinander – und das sorgt für Konfliktpotenzial. Immer wenn es ganz besonders feierlich werden soll und die Erwartungen ins nicht mehr Leistbare schießen, wenn die Geschenkespirale das Vorjahresniveau toppen soll, dann steht „Friede auf Erden" auf der Kippe.

Damit es uns nicht ebenso ergeht, hier einige Tipps zu einer stressfreien und inspirierenden Festzeit.

- Man sollte zu Weihnachten nicht nur auf den Wein achten: viel Singen und Musizieren. Am besten Lieder ohne textlichen Bezug auf Schnee. Das Original hatte keinen Schnee. Und der kleine gewindelte Messias war kein blonder Schwede, sondern ein dunkelhäutiger Orientale. Der biblische Bericht bestätigt die heimelige Liedstrophe „Mitten im kalten Winter" einfach nicht. Ich war oft auf den Hirtenfeldern in Bethlehem. Tagsüber heiß, nachts angenehm frisch. Während die Leute in Sibirien oder Grönland immer weiße Weihnachten feiern, transpirieren die Australier heftig unterm elektrifizierten Plastikbaum. Vergessen wir das Wetter, das braut sich auf den Azoren zusammen und wird vom Golfstrom aufgeladen. Es kommt, wie es kommt. Weihnachten heißt, sich ordentlich anziehen und nicht übers Wetter meckern.

- Apropos meckern: Christen sollten überhaupt weniger meckern. Ob auch meckernde Ziegen Zeugen der Geburt Jesu waren, bleibt spekulativ.
- Apropos spekulativ: Es muss nicht immer Spekulatius sein, der zum Glühwein gereicht wird.
- Apropos Glühwein: An Weihnachten sollte man auch auf den Wein achten, aber vor allen Dingen auf die Weihe. Wir weihen unser Leben dem Kind in der Krippe. Erdiger geht's nicht. Zerbrechlicher konnte es kaum ausgehen. Der Heiland der Welt, der verheißene Messias, wird in eine Kulturepoche geworfen, wo die Römer die politische Kontrolle über den Mittelmeerraum hatten. Rom pflegte einen pompösen Kaiserkult. Eine religiös bereits über alle Ohren besetzte Welt.

- Apropos Welt: Jesus wurde nicht in einer Kirche geboren, sondern mitten in der Welt, mitten unter müffelnden Nutztieren, entdeckt von einigen asozialen Hüteburschen. Würde dieser Jesus heute geboren, dann vielleicht im Stau auf der A 7 oder am Band bei VW, oder im Bankenviertel in Frankfurt.
- Apropos Bank: Jesus war vor seiner Wirksamkeit als ambulanter Religionslehrer auch bei der Bank, nämlich an der Hobelbank seines Vaters Josef, der bekanntlich ein Tekton – ein Architekt – war. Ein Baumeister.
- Apropos Baumeister: An Weihnachten können wir vom „Schaffe, schaffe" ausruhen. Wir „machen" nichts. Wir schenken uns Zeit. Zwischendurch Spülmaschine beladen und ausladen. Das Essen kann vor den Festtagen vorbereitet werden. Es muss nicht immer eine Gans sein.
- Apropos Gans: Wenn es zu Weihnachten im Gottesdienst heißt „Das Wort wurde Fleisch", dann denken wir an Jesus, nicht an den Braten. Er wurde Mensch. Gottes Geschenk an uns.
- Apropos Geschenk: Die könnte man eigentlich bis zum zweiten Advent besorgt haben mit einer Toleranz für uns Männer bis zum dritten Advent. Das Haus muss nicht perfekt sein, sondern wohnlich.
- Apropos wohnlich: Die Geburt Jesu ereignete sich in einem unwohnlichen Behelf. Das sollte der Messias sein, der Erlöser Israels und der Nationen? Ein gewindelter Junior eines kleinen Bauunternehmers

in Nazareth kommt auf geheimnisvolle Weise unbehaust zur Welt. Alle Hotels sind ausgebucht. 30 Jahre später startet er seine Mission, um Heimatlosen eine Heimat zu geben. In jeder Hinsicht. Ein Investitionsprogramm wider die metaphysische Obdachlosigkeit.

- Apropos Obdachlosigkeit: An den Festtagen werden viele Menschen ihre Heimatlosigkeit spüren. Ladet euch ein paar Heimatlose ein. Teilt mit und teilt aus. Wir alle werden in unserer letzten Stunde nur das mitnehmen, was wir verschenkt haben. Was wir festhalten, muss hierbleiben. Schenkt euren Kindern kein Handy, sondern eure Wertschätzung und eure kostbare Zeit.

- Apropos Zeit: Wir haben nicht alle Zeit der Welt, um das Kind in der Krippe zu entdecken. Wer weiß, wie lange wir noch klar im Kopf sind? Der Heiligabend wird dann heilig, wenn wir im Anblick des Kindes Kinder Gottes werden, denn das ist unsere Bestimmung. Seine Botschaft ist Friede, Versöhnung, Barmherzigkeit und Gnade.

- Apropos Gnade: Wo Jesus das Fest bestimmt, die Tonart, die Melodie – da zieht Gnade ein. Spätestens im Jahresrückblick entdecken wir das Unfassbare: Gott wird Mensch. Klein. Gott wird beim Anblick seiner Geschöpfe schwach, geradezu ohnmächtig. Sein Konzept zur Überwindung von Zorn und Strafe hat einen Namen: Jesus, das Kind in der Krippe. Gottes Konter auf das Machtgebaren der scheinbar Mächtigen. Der Gipfel der Liebe Gottes.

- Apropos Liebe: Gott ist Liebe. Das macht das Fest zum Fest des Lebens. Und das nicht nur zur Weihnachtszeit.

Ein Plädoyer für die Ehrlichkeit – von unheiligen Zipfelmännern und scheinheiligen Weihnachtsmännern

Lasst uns der eisheiligen Scheinheiligkeit absagen, wenigstens in der festreichen Zeit.

„Denen ist auch nichts mehr heilig!", beschwerte sich Gotthilf Bleibetreu* über die Süßwarenindustrie, die Schokoladenweihnachtsmänner durch sogenannte Zipfelmänner ersetzt hat. „Wo leben wir denn? Wo bleibt der Aufschrei der Kirchen?" Er erwäge die Gründung eines Netzwerkes zur Erhaltung des christlichen Weihnachtsbrauchtums und fordert den Boykott von Penny und anderen Verrätern des christlichen Abendlandes.

Auch Uta-Constanze Gschwender-Linkenheim echauffierte sich lauthals über die Verwendung des Begriffs „Zipfel", der nur aus dem Hirn „triebgesteuerter Zuckerbäcker" stammen könne. Sie rief die Nahrungs-

---

* Alle Namen sind frei erfunden.

mittelkonzerne auf, die Produktion von Zipfelmännern sofort einzustellen, die Lagerbestände zeitnah einzuschmelzen und einer nicht religiösen und geschlechtsneutralen Produktion von Schokofiguren zuzuführen, die man ohne jeden christlich-patriarchalischen Bezug zum Beispiel einem Muslim ohne Angst überreichen könne. Worauf Adolf Hartmann von der „Selbsthilfegruppe sauberes Vaterland" vorschlug, man könne mit den Lagerbeständen Abschiebekandidaten und „Scheinasylanten" den Rückflug versüßen.

Eisheiliger, scheinheiliger und unheiliger geht es kaum noch

Ich habe letztes Jahr meinem atheistischen Freund ein ideologisch nicht vorbelastetes Gewächs aus der Gruppe der Nadelgehölze frei Haus geliefert, und zwar aus meinem eigenen Baumbestand. Ein Lichterbaum zur dunklen Jahreszeit. Nein, kein Christbaum, keine geweihte serbische Fichte. Hab ich damit den christlichen Glauben verleugnet? Mitnichten. Heilig ist nur Christus! Alles andere ist folkloristisches Beiwerk und nur scheinbar heilig, also scheinheilig: romantisch, nostalgisch, gemütlich, eine wertestiftende Tradition voller herzbewegender Symbolik. Ich liebe das heidnische Beiwerk des Christfestes.

Es waren die Römer, die zum Jahreswechsel ihre Häuser mit Lorbeerzweigen schmückten. Durch das Behängen eines Baums mit Glitzerkram zur Wintersonnenwende wurde im Mithras-Kult der Sonnengott verehrt. Auch nördlich der Alpen wurden im Winter schon früh Tannenzweige ins Haus gehängt, um bösen Geistern das Machwerk zu erschweren. Gleichzeitig gab das Grün Hoffnung auf die Wiederkehr des Frühlings. Und für den Weihnachtsmann mit Gabensack und Rute gibt es viele mehr oder weniger schlüssige Begründungen, nur keine biblisch-christliche. Schlimmer noch: Das heimelig schaurige Motiv eines bärtigen Geschenkeonkels, der gleichzeitig die Unartigen einer Körperstrafe unterzieht, hat das biblische Gottesbild vieler Zeitgenossen nachhaltig beeinflusst und für immer beschädigt, wo nämlich die Guten belohnt und die Bösen bestraft werden. Und das nicht nur Weihnachtszeit.

Natürlich kann man Geschäfte boykottieren, die ideologisch neutrale Zipfelmänner im verdächtigen Regenbogendesign verpackt feilbieten. Selbstverständlich kann man auch vor Warenhäuser warnen, die aus Gründen politischer Korrektheit Kreuzsymbole von den Verpackungen verbannt haben und Halloween-Kostüme anbieten. Man kann auch aus Protest auf den Kauf eines Volkswagens verzichten, weil der Konzern seine Kunden getäuscht hat. Ich breche hier ab, die Liste würde zu lang.

Lasst uns der eisheiligen Scheinheiligkeit absagen, wenigstens in dieser festreichen Zeit. Kanada ist auch nicht untergegangen, nur weil es als typisches Einwanderungsland die christlichen Feiertage und den islamischen Ramadan zu religionsneutralen „Holy Days" umfirmiert hat. Viel wichtiger als das Etikett ist der Inhalt, unser fröhliches und unverschämtes Zeugnis von Jesus Christus.

Heilig an Weihnachten ist weder „das traute hochheilige Paar", die Nordmanntanne und die Weihnachtsgans, noch Knecht Ruprecht, die Krippe oder der Heilige Abend. Man kann sich saisonal für den Erhalt des lieb gewordenen Brauchtums einsetzen, weil wir uns unserer christlichen Kultur keinesfalls schämen, aber einen Bekenntnisnotstand kann ich darin nicht erkennen.

Es geht um das Kind in der Krippe, nicht um die Krippe!

Wo Jesus ist, da ist die Heiligkeit Gottes. Sonst nirgends. Für den Marburger Theologen und Religionswissenschaftler Rudolf Otto (1869–1937) war das angemessene Gefühl angesichts des Heiligen eine Mischung aus Faszination und ehrfürchtigem Erschaudern. „Wer das erlebt, eine alle Vernunft überwältigende Erfahrung der Demut, der eigenen Bedeutungslosigkeit im Angesicht Gottes, der bekommt einen Vorgeschmack auf das Kommende und den Kommenden."

Eine heilige, von Gott dem Kommerz und dem empörten Palaver entrissene und für uns beschlagnahmte Adventszeit. Eine heilige Zubereitung auf den Heiligen, das wünsche ich Ihnen.

Christi Geburt – Heiligabend: Zeitenwende

Jesus macht alles neu.
Gedanken zum Heiligen Abend

Es begab sich zu der Zeit, dass der römische Kaiser Augustus seine Macht in Zahlen fassen wollte. Es begab sich. Zu der Zeit, als das Römische Reich so richtig erfolgreich war. Machtmänner wie der Kaiser Augustus lassen immer mal wieder durchzählen. Wie viele Menschen sind mir untertan?

Wir Männer kennen das Phänomen, dass wir unsere Erfolge nur in Zahlen ausdrücken können. 200 PS, sechs Zylinder, 200 Quadratmeter Zweitwohnsitz am Tegernsee, 150 Patente, 3.000 Mitarbeiter, Wachstumsrate um 22 Prozent. Ohne die Möglichkeit, unseren Wert zu beziffern, würden wir Männer im ziemlich kurzen Hemd dastehen.

Das römische Imperium hatte sich durch aggressive Annexion der Völker, die sich selbst nur unzureichend verteidigen konnten, in Richtung Osten ausgebreitet. Eine finstere Zeit, in der rund 50 Millionen Menschen zwischen Indien und dem Mittelmeerraum unter den römischen Besatzern gelitten haben. Das hieß: Klappe halten, Steuern zahlen und artig gegenüber der römischen Elite buckeln.

Augustus verstand sich nicht nur als Staatsmann, sondern auch als religiöser Vermittler zwischen dem Volk und den Göttern. Er ernannte sich selbst zum Pontifex Maximus, dem größten Brückenbauer überhaupt. Das stinkt heftig nach Größenwahn. Augustus starb 14 Jahre nach Christi Geburt. Der Höhepunkt seiner Karriere war überschritten, die Zeitenwende wurde nicht kalendarisch mit „ XX nach Augustus" bezeichnet – sondern nach Christi Geburt.

Gurkentruppe statt Elite

Zu dieser Zeit stand der einst gewindelte Juniorchef eines kleinen Bauunternehmens in Nazareth vermutlich noch an der Hobelbank. 15 Jahre später outete er sich als Menschensohn. Er brauchte keinen Tempel und keine Wohnung, keine Sprechstunden, er trug keine Waffen, er war ein Habenichts.

Er war der Meister, der Rabbiner, der nicht Menschen einbestellt oder vorlädt, sondern sie einlädt, ihre Sorgen teilt, ihre Nöte versteht und ganz ambulant unspektakulär Menschen heilt, so im Vorbeigehen. Ganz „en passant" stellte er sich ein Team von Schülern zusammen.

Ohne Eignungstest und Rigorosum beruft er eine Mannschaft aus Enthusiasten und Skeptikern zusammen. Eine Gurkentruppe. Sie sollten Zeugen der größten Zeitenwende überhaupt werden.

Irgendwann in der Epoche der Makkabäer, wo die Stimmen der nachexilischen Propheten verstummt waren und der Anbruch der Gottesherrschaft mündlich tradiert wurde, da kommt aus dem Nichts der von den Schriftpropheten angekündigte Messias.

Und heute, nach drei Jahren Pandemie und mehr als einem Jahr Krieg, der uns viel Geld und noch mehr an Menschenleben kostet? KÄLTE, HUNGER UND TEURE ZEIT.

Haben die Politiker den Mund zu voll genommen? Die Kälte ist bisher noch im normalen Rahmen, die Weihnachtsmärkte erstrahlen im gewohnten Glanz und die gebrannten Mandeln, die unser Gebiss verkleben, bescheren den Zahnärzten einen hübschen Zusatzverdienst. Bratwurst wie gehabt, Glühwein bis zum Kontrollverlust. Traumschiffreisen für die „All-inclusive"-Generation laufen wie sonst auch. Ein Massentoast auf Malle ist auch für die Oberschicht der „kleinen Leute" immer noch drin. Trotz Krieg und Wirtschaftskrise.

Ist die Welt nach der Pandemie wirklich anders?

Aber die Auswirkungen der enorm gewachsenen Staatsausgaben werden über Jahre unsere Kinder tragen müssen. Alles ist teurer. Und eine dauerhaft hohe Inflationsrate knabbert am mühsam Ersparten der Bürger. Was den Hunger betrifft: In der bürgerlichen Mitte muss keiner hungern noch frieren.

In der Anfangsphase der Corona-Pandemie hieß es: „Nach der Pandemie wird die Welt eine andere sein." Entweder ist mir der Glühwein nicht bekommen oder ich habe es nicht mitbekommen. Sehen Sie Zeichen einer Veränderung nach Abklingen des Corona-Virus?

Mir fällt nur das Homeoffice ein. In der Umstellung auf Online-Gottesdienste gibt es Verlierer und Gewinner. Die Umstellung auf Streaming wurde zu einem produktiven Nebeneffekt. Gerätschaften wurden gekauft, Technikteams wurden ausgebildet und ausgerüstet. Die Technik ist auf dem neuesten Stand, aber das allein zieht keine Menschen an.

Der Angriff Russlands auf die Ukraine hat alle anderen Ereignisse vernebelt. Wir haben kaum noch Zeit und Kraft, die Meldungen über die Reichs- und Wutbürger zu verarbeiten, schon erfahren wir Undenkbares über Korruption in der Führungsetage der EU.

Uns beschleicht die Sorge, dass unsere Zeit so fragil wie nie zuvor ist, so verwundbar. Ein Cyberkrieg könnte unsere Infrastruktur außer Kraft setzen. Die unterfinanzierten Gesundheitssysteme implodieren, die Arbeit mit und an den schwächsten Gliedern der Gesellschaft, den Kranken, Behinderten und den Alten, müsste besser bezahlt werden.

Und das alles in einer Zeit, in der die Reichen immer reicher werden. Die wirklich Reichen unter uns sind darum glücklich, weil sie wissen, dass das letzte Nachthemd keine Taschen hat und dass Geben immer seliger als Nehmen ist. Wer alles mitnehmen möchte, der muss alles hierlassen. Und dann steht der vermeintliche Hartz-4-Loser völlig mittellos neben dem erfolgreichen Senkrechtstarter vor der letzten Instanz. Gnade wird das letzte Wort sein – nicht Strafe!

Es gab hier zu viel Habgier

Und wie sieht das bei uns aus, die wir das Kind in der Krippe bestaunen?

Es gab hier zu viel Habgier. Immer noch. Alles mitnehmen, was unser politischer Selbstbedienungsladen großherzig feilbietet. Und wer jetzt mit der Regierung abrechnet und die DDR-Verhältnisse preist, die freiheitliche Demokratie verachtet und sich mit pseudowissenschaftlicher Attitüde fragen lassen muss, was sie anders gemacht hätten, dann kommt nichts mehr, außer Verschwörungstheorien. Wer in dieser Zeit klagt, der lamentiert übers Lametta.

Gott stellt die Krippe des Welterlösers in eine der ständigen Krisenregionen des Vorderen Orients, er bettet ihn nicht auf dem Heizkissen mit Brokatbezug, sondern auf Stroh. Es müffelt und es sticht!

Gelingt es uns, das Entscheidende festzuhalten und Licht und Salz gegenüber einer orientierungslosen Gesellschaft zu sein? Wir leben in einer parlamentarischen Demokratie. Einer Komfortzone, in der wir wegen unseres Glaubens nicht verfolgt und bestraft werden, wenn wir mit der Politik nicht zufrieden sind.

Das Unfassbare: Gott wird Mensch. Klein. Gott wird

beim Anblick seiner Geschöpfe schwach, geradezu ohnmächtig. Gott ist Liebe. Das macht das alljährliche Fest immer wieder zum Fest des Lebens.

Und noch einen Hinweis auf den „fünften Evangelisten". Die Kantate zum Weihnachtsfestkreis „Christen ätzet diesen Tag", BWV 63 von Johann Sebastian Bach, rührt mich total: Vergesst nicht die Zeitenwende! Meißelt sie in Stein, ätzt den Tag der Geburt des Friedefürsten in Metall, schnitzt ihn in Holz, dass die Welt es hört:

Christus ist geboren.

Weihnachtsgeschenke – dieses Jahr schenken wir uns nichts!

Vom Sinn des Schenkens.

Das Geschenk aller Geschenke ergibt sich aus dem Weihnachtsevangelium. Willensbekundung zur Bescherung am Christfest. „Wir haben doch alles!" Und die Enkelkinder verlieren den Überblick in der Menge der Geschenke. Sie packen aus und legen beiseite, um zur nächsten Runde die Hände frei zu haben. Und dann bedanken sie sich artig mit Küsschen und liebevollen Umarmungen. Ein anrührendes Erlebnis für meine Frau und mich als Großeltern. Wir sind entzückt.

Irgendwann stelle ich fest, dass wir uns als Erwachsene doch nicht an die Abmachung gehalten haben. Ich habe für alle Fälle doch ein Geschenk für meine Frau besorgt. Eben nur eine Kleinigkeit. Und das wie immer auf die letzte Minute, hastige Pflichtübung zwischen 4. Advent und Heiligabend. Übrigens, ich hatte meiner Frau auch zwei Geschenke-Tipps gegeben, eben für den Fall, dass sie mir doch etwas Sichtbares und Handfestes schenken möchte. Ausdruck meiner Bescheidenheit.

Schenken heißt: Ich habe an dich gedacht! Und wenn alles ausgepackt und beiseite gelegt wurde, dann erzähle ich von unseren Großeltern, die sich über ein paar Bauklötze und Taschentücher gefreut haben. Aber so richtig wohl fühle ich mich nicht dabei, denn meine Enkel werden von ihren Mitschülern mehr geprägt, als es uns lieb ist. Im Klassenvergleich möchte im Blick auf Markenklamotten, Smartphones und Computerspiele keiner armselig dastehen.

Die kurze Distanz, die zwischen Gabe und Gegengabe verstreicht, produziert diese typische Spannung, die sich zur Bescherung einstellt. Das macht den Heiligen Abend so einzigartig. Da gibt es neben ganz reinen Motiven des Schenkens auch Abgründe persönlicher Verletzungen, weil man meint, zu kurz zu kommen. Da wird beleidigt, verglichen und kalkuliert, angerechnet und abgerechnet. Schenken als Liebesbeweis oder ein Schlussstrich unter dem nie Ausgesprochenen, Anlass für Scham oder Glück. Schenken ist immer eine Offenbarung: Ich habe an dich gedacht.

Passt das Geschenk, zeugt es von Einfühlungsvermögen und Nähe der Schenkenden, anderenfalls von Distanz, vielleicht gar Ignoranz gegenüber den Beschenkten. Insofern ist Schenken auch riskant. Für mich beginnt das Vergnügen schon bei der Verpackung und bei persönlichen Worten, die dem Geschenk beiliegen.

Schenken kann auch ein ziemlich durchschaubarer Versuch sein, die Kinder zum Christfest zu erziehen, nämlich pädagogisch wertvoll: ein Einkaufsladen aus Buchenholz statt Plastikschrott, Geige statt Playstation.

Und für mich ein veganes Kochbuch. Ich habe verstanden. Morgen fange ich an, dem „erweiterten" Spektrum den Kampf anzusagen. Oder vielleicht doch erst am 1. Januar?

Uneigennützige Geschenke – gibt es die?

Schenken ist wie eine Sprache, die es zu beherrschen gilt. Die einen können sie besser und fühlen sich wohl dabei, sich zu zeigen und erkannt zu werden, die anderen wollen unerkannt bleiben.

Wenn der Schenkende neben Dank auch eine Würdigung des Geschenks erwartet, dann wird es ernst: Bekommt mein Geschenk auch einen besonderen Platz in der Wohnung, wird es durchgehend genutzt, wird es liebevoll gepflegt und Anlass zu dauerhafter Freude des Beschenkten sein? Wenn die lieben Kleinen mein Geschenk mit ins Bett nehmen, dann macht mich das glücklich. Wenn ich es spätabends zufällig unter dem Papierhaufen finde, dann befällt mich Weihnachtsschwermut.

Der Philosoph Jacques Derrida hat das Dilemma so beschrieben: „Ein unschuldiges, reines Geschenk, frei von Verpflichtungen und nicht auf den Eigennutz des Schenkenden gerichtet, ist das Unmögliche schlechthin." Darum ist die Frage nach dem Sinn des Schenkens „alle Jahre wieder" nicht nur erlaubt, sondern dringend geboten. Warum beschenken wir uns? Das Geschenk aller Geschenke ergibt sich aus dem Weihnachtsevangelium: Gott beschenkt die Menschheit mit Frieden, Gerechtigkeit, Barmherzigkeit und Gnade! Und dieses Geschenk hat einen Namen: Jesus! Mein Schenker!

Clemens Bittlinger

Behütet & beflügelt

Wie Engel uns begegnen

208 Seiten, handliches Hardcover
ISBN 978-3-7655-3609-0

Gibt es heute noch Engel? Clemens Bittlinger nimmt den Leser mit auf eine Reise durch die Bibel bis in die Gegenwart. Er zeigt, himmlische Gottesboten begegnen Menschen in Zeiten der Krise, Krankheit, Neuorientierung und des Wartens – damals wie heute. Geschichten von berührenden Begegnungen mit Engeln.

Brunnen Verlag GmbH
www.brunnen-verlag.de

 Das christliche Medienmagazin

PRO EDITION ist eine Buchreihe des Christlichen Medienmagazins PRO im BRUNNEN Verlag.

PRO – das ist hochwertiger Journalismus, der von vielen freiwilligen Spenden getragen wird. Unser junges Team aus christlichen Journalistinnen und Journalisten berichtet aus ganz Deutschland über Themen, die die Gesellschaft bewegen – aus christlicher Sicht.

Was denken Spitzenpolitiker über Jesus? Was hat die Bibel zu Künstlicher Intelligenz oder Bioethik zu sagen? Zu Lebensrecht oder sozialer Gerechtigkeit?

PRO hakt nach. Differenziert. Mutig. Christlich. Weil Glaube in die Öffentlichkeit gehört.

So finden Sie uns:

- PRO als gedrucktes **Magazin** (sechsmal jährlich, kostenlos abonnierbar): pro-medienmagazin.de/mag/

- **Tagesaktuelle** Berichterstattung auf www.pro-medienmagazin.de

- **Podcasts** unter pro-medienmagazin.de/podcasts

- **Instagram** (@pro_medienmagazin), **Facebook**, **Twitter** (@pro_magazin)

PRO freut sich über Ihre Spende – auch kleine Beträge helfen sehr:
pro-medienmagazin.de/spenden
oder per **IBAN DE73 5139 0000 0040 9832 01**.

Bibeltexte:
- Lutherbibel, revidiert 2017, © 2016 Deutsche Bibelgesellschaft, Stuttgart
- Gute Nachricht Bibel, durchgesehene Neuausgabe, © 2018 Deutsche Bibelgesellschaft, Stuttgart

© 2024 Brunnen Verlag GmbH, Gießen
Lektorat: Stefan Loß
Umschlagfotos: Matthias Schüßler
Umschlagillustrationen: Adobe Stock
Gestaltung: Jonathan Maul, Brunnen Verlag GmbH
Satz: Brunnen Verlag GmbH
Druck: GGP Media GmbH, Pößneck
Gedruckt in Deutschland
ISBN Buch 978-3-7655-3612-0
ISBN E-Book 978-3-7655-7854-0
www.brunnen-verlag.de